LE SURSIS & LE PARDON

EN ANGLETERRE

LE SURSIS ET LE PARDON

EN ANGLETERRE

PAR

R. LAJOYE
Avocat à la Cour d'appel.

PARIS
IMPRIMERIE DE A. PARENT
RUE MONSIEUR-LE-PRINCE, 29-31.

1877

LE SURSIS & LE PARDON

EN ANGLETERRE

§ I

Les chroniques judiciaires racontaient, il y a peu de jours, le fait suivant : un magistrat anglais, ayant à juger un voleur, fut touché du repentir de cet homme. Il pouvait le frapper d'une peine légère, mais il préféra pardonner, ce qu'il fit en déclarant qu'il suspendait son jugement, et le voleur fut mis en liberté sans avoir été condamné.

Ce pardon qui, en France, serait contraire à la loi, est accordé souvent en Angleterre. La législation anglaise, en effet, a conservé au magistrat le droit de sursis, de même qu'elle a maintenu au Prince et au Parlement le pouvoir de pardonner.

Ces lois étaient autrefois communes à l'Angleterre et à la France : elles ont disparu de nos codes. Pourquoi cette différence entre les deux législations? Comment la France a-t-elle abandonné un principe si conforme à l'esprit généreux de son peuple?

Deux causes principales ont pu faire naître cette anomalie.

La première cause viendrait des principes égalitaires de 1789. Les lois de pardon, qui se trouvaient l'apanage du roi plus encore que du Parlement, étaient devenues depuis longtemps une source d'abus ; la faveur faisait distribuer les lettres de pardon, et une haute protection valait mieux qu'un repentir sincère.

La loi du pardon fut donc effacée, et elle n'a pas été rétablie dans le Code français.

Il était naturel que la crainte de l'abus emportât de nos lois ce principe, resté néanmoins dans notre esprit et dans nos mœurs politiques et privées. Mais, l'abus supprimé, la conscience publique ne tarda pas à protester contre la rigueur du Code pénal. L'institution du jury rendit de plus en plus manifeste ce désaccord entre la loi et l'opinion.

En effet, les jurés, maîtres absolus de leurs verdicts, prononçaient des acquittements qui étaient trouvés scandaleux, préférant l'impunité (le pardon) à un châtiment exagéré. Il fallut bien adoucir la répression, et la loi de 1832, en admettant le principe des circonstances atténuantes, fit un premier pas dans la voie de l'indulgence et permit aux magistrats d'appliquer les peines dans une mesure beaucoup moins sévère.

Il n'y avait plus alors à craindre de voir dégénérer en abus une loi de clémence, puisqu'elle n'était pas l'apanage d'une autorité arbitraire : ce n'était pas davantage une attaque aux principes d'égalité, cette loi étant une mesure générale.

Ce premier pas doit-il être le dernier, et devons-nous rester en arrière des autres peuples dans l'examen de la question sociale, tout au moins au point de vue des rapports de la société avec ceux de ses membres qu'elle a rejetés de son sein? Ici, non-seulement nous sommes devancés par nos voisins, mais nous avons encore désappris les préceptes de nos ancêtres, puisque nous ne savons plus pardonner.

La seconde cause, pouvant expliquer la disparition de ces lois, résulte précisément de cette question sociale. Notre Code a été fait dans un but unique : protéger la société. Un seul moyen de protection a été trouvé efficace : frapper les coupables sans pitié. Et nous en sommes encore aujourd'hui à croire que c'est la solution préférable pour tenir en respect les criminels ! Le pardon prêché par toutes les religions et toutes les philosophies n'est plus qu'un vain mot lorsque les intérêts de la société sont en jeu. C'est au moins bizarre.

L'homme qui a manqué aux lois de son pays est-il donc plus difficile à ramener au bien que l'enfant qui commet une faute dans le sein de sa famille et qui trouve toujours le père prêt à pardonner quand il y a preuve de repentir? Faut-il désespérer de tout un avenir pour un moment de défaillance ?

Tel n'est pas l'avis des Anglais, et leurs lois, qui peuvent donner prise à la critique sur beaucoup de points, ont au moins sur les nôtres l'avantage de s'appuyer non-seulement sur l'intérêt de la société, mais encore sur les principes les plus élevés de la morale.

Examinons en effet la législation anglaise en ce qui touche le *sursis* et le *pardon*, et il nous faudra reconnaître qu'en Angleterre la société, tout en protégeant ses propres intérêts, ne frappe pas le coupable avant d'avoir essayé de le ramener dans la bonne voie.

---

§ II

Lorsqu'un accusé comparaît devant le jury Anglais et que le fait reproché n'est pas d'une grande gravité, le magistrat a le droit, au lieu d'envoyer l'accusé devant le grand jury, de prononcer lui-même la sentence. Bien plus, si l'accusé paraît digne d'indulgence (et c'est là le côté remarquable de cette jurisprudence), *le juge peut suspendre son jugement indéfiniment.* L'homme ainsi pardonné profite-t-il de la leçon, aucune flétrissure ne résultera pour lui de sa comparution devant la justice. Au contraire, s'il commet une nouvelle faute, il sera considéré comme un *récidiviste*, puisque le magistrat le poursuivra non-seulement pour le second délit, mais encore pour le premier qui n'avait pas été puni, grâce au sursis.

« Le sursis (en anglais, *reprieve*, de reprendre) ajourne la décision des juges ou en suspend l'exécution pour un temps. En premier lieu, ce sursis peut se prononcer *ex arbitrio judicis*, soit avant, soit après le jugement, si, par exemple, le juge n'est pas satisfait du verdict, ou si les preuves lui paraissent suspectes, ou l'*indictment* insuffisant,.... *ou quelquefois si la félonie est peu grave, ou que quelques circonstances favorables militent en faveur du criminel*, afin de lui laisser le temps de recourir au roi, et de solliciter un pardon ou absolu ou conditionnel...;

en second lieu, le sursis peut être commandé par une nécessité légale, etc. » (Commentaires sur les lois anglaises par W. Blackstone, traduits par Chompré, 1823.)

Ajoutons que, dans la pratique, le délai du sursis est illimité, lorsqu'il y a félonie peu grave, et c'est alors un véritable pardon.

L'accusation a-t-elle un caractère plus sérieux, le sursis donne le temps de demander la grâce.

« Si le coupable a obtenu sa grâce, il peut aussi, comme nous l'avons déjà dit, s'en faire un moyen pour *arrêter* le jugement, et il en résulte le même avantage en ce moment, que si ce moyen eût été produit lors de l'appel à la barre, c'est-à-dire que l'accusé évite ainsi l'*attainder* et la corruption du sang qui en est la suite, et que le parlement seul peut réparer, quand on ne fait valoir le pardon qu'après la sentence. Au surplus, quand un homme a obtenu sa grâce, il a le droit, sans aucun doute, d'user de ce moyen de défense le plus tôt qu'il se peut. » (Même auteur.)

Voici une autre citation au sujet du pardon ou grâce :

« Le roi peut pardonner toutes les offenses contre la couronne ou contre le public, sauf quelques exceptions...

« Le pardon peut être aussi conditionnel, c'est-à-dire, que le roi peut, d'après la loi commune, accorder la grâce avec telle clause qu'il lui plaît...

« Quant au mode de concession de pardon, nous observons qu'il est plus avantageux de l'obtenir par acte de parlement que par charte royale. Car, dans le premier cas, on n'est pas tenu de faire valoir en justice ce moyen d'exception, la cour doit tenir note *ex officio* de l'acte du parlement et la partie n'a pas à craindre d'en perdre le bénéfice par sa propre omission ou négligence, comme cela peut lui arriver relativement à la charte royale du pardon. Il faut que l'accusé se fasse un moyen spécial de cette charte et cela en temps utile...

« Enfin l'effet du pardon accordé par le roi est de faire du criminel un homme nouveau, de le décharger de toutes les peines corporelles et des confiscations attachées au crime qui lui est pardonné, de lui donner de nouveaux droits civils ou politiques, plutôt que de le rétablir dans les droits semblables qu'il possédait. Mais le pouvoir suprême et transcendant du parlement peut seul réhabiliter ou purifier le sang, quand il est une fois corrompu, et quand le pardon n'est accordé qu'après l'*attainder*... » (Même auteur.)

Il est curieux de comparer ces lois de sursis et de pardon, si différentes de notre législation actuelle, avec les anciennes lois françaises.

Voici un extrait de « *la Pratique judiciaire* », tant civile que criminelle, reçue et observée dans tout le royaume de France, composée par M. Jean Imbert, lieutenant criminel au siége de Fontenay-le-Comte, etc. » (Edition de 1641.)

« Anciennement chez les Romains, on usait plus souvent du pardon qu'ils appelaient *purgation*, que de demander rémission, qu'ils nommaient *dépréca-*

tion, car il était permis d'user de purgation devant tous juges, mais de déprécation devant le Sénat seulement, parce que le Sénat pouvait user de miséricorde et bailler grâce, et les autres juges inférieurs ne pouvaient bailler grâce, ainsi étaient tenus de suivre la rigueur du droit. Car en déprécation, *le délinquant confesse avoir délinqué d'industrie et sciemment*, mais il *demande de lui être pardonné* pour raison de la noblesse de son lignage, ou pour le service fait par lui ou ses prédécesseurs à la République, ou parce qu'il a par ci-devant bien vécu et en bonne réputation. Au moyen de quoi nous appelons ces lettres rémission ou grâce. Et en purgation le délinquant confesse avoir délinqué par cas fortuit ou par ignorance et non à son escient. Et pour ce, nous les appelons lettres d'innocence. Mais *en France*, devant que soit rémission ou pardon, il faut qu'elles soient obtenues du Roy, soit pour les présenter devant les juges royaux, ou cours souveraines ; nous usons plus de rémission que de pardon, car la rémission est plus sûre, parce que le Prince en rémission pardonne le cas de sa pleine puissance et authorité royale, et par le pardon il ne remet que de grâce spéciale.... » (Ch. XVII.)

L'ordonnance du 26 août 1670, réglant le droit de grâce, nous donne un autre exemple du pardon accordé *avant* jugement.

Cette ordonnance examine les différentes espèces de grâces qui pouvaient alors être accordées.

« C'étaient :

« 1° Les lettres d'abolition particulière, qui étaient

délivrées *avant* le jugement en faveur d'un accusé et *effaçaient le délit...*, etc. »

Cette comparaison de textes prouve que le principe du pardon existait dans les deux législations; il ne faut pas le confondre avec le droit de grâce tel qu'il se trouve dans nos lois modernes : la grâce aujourd'hui peut dispenser de la peine, mais le jugement subsiste.

---

§ III

Ainsi les Anglais avant de frapper un homme, ont recours à l'indulgence. Au lieu de rejeter de la société le coupable qui se repent, ils pardonnent dans l'espérance que cet avertissement sera une leçon profitable. Et le procédé leur semble bon, puisque cette loi, au lieu de tomber dans l'oubli, reçoit chaque jour une nouvelle application.

Ce pardon peut être considéré non-seulement comme un acte de moralisation, mais encore comme une mesure essentiellement utile ; car il a ce résultat très-important de diminuer la population des prisons sans danger pour la société. En effet, si le coupable se repent sincèrement, il rentre dans la société sans souillure et peut devenir un nouveau défenseur de l'ordre social ; s'il persévère dans le crime, il est puni comme récidiviste et souvent éloigné de la mère patrie pour toute sa vie (1).

Ce serait un grand progrès que de pouvoir ainsi restreindre le nombre des prisonniers, qui augmente dans une proportion peu rassurante.

« Le service des prisons réclame une augmentation considérable, malheureusement motivée par

---

(1) Les Anglais sont arrivés, par la transportation, à peupler leurs colonies et à les rendre florissantes en distribuant les terres aux condamnés.

l'accroissement du nombre des détenus, qui de 46,000 en 1869, s'est élevé à 53,000, sans compter les condamnés de la Commune, et déduction faite des détenus militaires...» (Rapport de M. Haentjens à l'Assemblée nationale. — Séance du 25 juillet 1876.)

Mais, en France, nous n'admettons pas qu'il soit utile de relever l'homme qui a commis une faute. « Il ne devait pas déchoir... Il faut d'abord protéger les honnêtes gens. » Ou bien encore : « Que Messieurs les assassins commencent. » Telles sont les réponses invariablement faites à ceux qui poussent la philanthropie jusqu'à s'occuper des voleurs.

Malheureusement, on ne s'aperçoit pas qu'en ne voulant ainsi sacrifier que l'individu, on menace la sécurité générale !

Plus le nombre des condamnés augmentera, plus la défense de la société deviendra difficile. Il ne suffit pas d'arrêter le coupable et de l'enfermer ; il faut essayer de le corriger, de manière à ne pas rendre à la liberté un individu devenu plus dangereux qu'avant son arrestation. Or, le seul moyen, employé jusqu'à ce jour pour corriger, c'est l'emprisonnement; le seul moyen pour protéger la société contre le prisonnier libéré, c'est la surveillance de la haute police !

Ne serait-il pas plus facile de ramener au bien un homme coupable, mais repentant, en lui accordant de suite son pardon qu'en essayant de le moraliser après l'avoir jeté dans une maison centrale !

Cette philanthropie si ridicule a donc pour but de protéger la société tout autant que de ramener les égarés dans le bon chemin. Que la Société pardonne, quand elle aura l'espérance de relever le coupable ; qu'elle frappe sans pitié, lorsque la grâce n'aura rencontré qu'un ingrat ; d'un côté, le pardon ; de l'autre, l'application des lois de récidive dans toute leur sévérité.

§ IV.

Le système du pardon, en théorie, ne peut être attaqué, puisqu'il s'appuie sur les plus grands principes de la morale : mais pourrait-il soutenir l'épreuve de la pratique?

Revenir au pardon, n'est-ce pas rétablir dans la loi l'arbitraire et l'injustice?

Le citoyen anglais a un profond respect pour la loi et ses représentants; cette idée dominante donne aux magistrats uue liberté qui serait peut-être dangereuse en France. Nous ne voulons pas dire que nos juges puissent être soupçonnés de partialité ; loin de nous cette pensée! Mais l'esprit français a besoin d'être maintenu par des règles qni ne prêtent pas à la controverse; nos lois doivent être faites de telle sorte que le magistrat ne puisse pas s'écarter des limites tracées par le législateur, sinon, le justiciable se croirait lésé dans ses droits.

Cette précision est bien, en effet, le caractère de notre législation pénale; mais, à toute règle il y a des exceptions, et, dans le Code français, il est facile de trouver des dérogations à la règle générale.

Nous avons déjà parlé des circonstances atténuantes; c'est une première extension donnée à l'arbitraire du juge : on pourrait citer un grand nombre d'autres exceptions, laissant au magistrat un pouvoir discrétionnaire. Tel est, par exemple, le droit accordé au tribunal de déclarer qu'un mineur de seize ans agi avec ou sans discernement. N'est-ce pas là un souvenir de nos anciennes lois de pardon ?

Mais le législateur a craint d'aller trop loin ; il a bien voulu pardonner à l'enfant ; l'homme au delà de seize ans ne doit plus compter sur l'indulgence : c'est cependant au milieu des luttes de la vie qu'il serait utile de trouver aide et pardon ! Une leçon bien donnée a souvent une portée morale bien supérieure au châtiment mérité.

Cet adoucissement dans les lois pénales n'offre pas, du reste, de difficultés d'exécution qui puissent en écarter l'examen sans réflexion. De l'atténuation au pardon, il n'y a qu'un pas ; pourquoi ne pas le franchir, quand le coupable est digne d'intérêt ?

Nous insistons sur cette loi de pardon, non-seulement parce que les acquittements trouvés scandaleux reparaissent aussi nombreux qu'autrefois, mais parce qu'il faut constater que tous les efforts faits pour maintenir le niveau moral n'aboutissent à aucun résultat heureux.

La démoralisation fait des progrès effrayants ; le nombre des crimes augmente ; il n'y a plus d'âge pour débuter dans la voie du mal : les tribunaux regorgent d'enfants qui ne voient dans la société qu'une ennemie, n'ayant pas trouvé en elle une protectrice, lorsqu'il était temps encore de les sauver. Une bande de quarante-trois voleurs comparaissait, au mois de décembre dernier, devant la cour d'assises de la Seine : à l'exception des recéleurs, le plus âgé de ces malheureux n'avait pas vingt-cinq ans !

Il est donc certain que nos lois pénales deviennent impuissantes à réprimer le crime. Bien plus, les modifications apportées sous le dernier Empire dans le système pénitentiaire ont amené une nouvelle source de désordre. En effet, depuis la suppression des bagnes en France, la position des réclusionnaires s'est trouvée aggravée au point qu'un criminel préfère, aujourd'hui, la transportation à la maison centrale.

Cette aggravation résulte, non pas du régime des prisons qui n'a pas changé, mais de la comparaison du sort du réclusionnaire avec celui d'un forçat.

Dans la Nouvelle-Calédonie, le condamné jouit d'une liberté relative ; c'est un véritable colon. S'il se conduit bien, il peut, à l'expiration de sa peine, devenir propriétaire, se créer une famille. Dans une maison centrale, le réclusionnaire ou même le simple prisonnier (1) est condamné à vivre, dans les ateliers d'une prison, de cette vie commune qui le conduit aux dernières limites de la démoralisation ; et, lorsque le temps de sa peine est expiré, le réclusionnaire retombe sous la surveillance de la haute

(1) La condamnation à 13 mois de prison entraîne l'envoi dans une maison centrale.

police, mesure si cruelle qu'on a essayé récemment d'en adoucir l'application (1).

Le résultat de cette comparaison conduit fatalement le coupable à préférer les travaux forcés à la réclusion, puisqu'il n'a aucun espoir de pardon ; il agit en conséquence, et se perd totalement du premier coup.

Il n'est pas rare de voir des accusés refuser toute espèce de défense dans le but d'être condamnés de suite aux travaux forcés. Plus d'une fois on a entendu le ministère public prémunir le jury contre cette ligne de conduite et lui montrer le mobile qui poussait ces malheureux à aggraver leur position. Il n'y a rien d'exagéré dans ce tableau.

Nous croyons donc que des réformes urgentes sont nécessaires et qu'il est temps de modifier nos lois pénales si nous ne voulons pas être débordés.

Est-ce par l'augmentation de la répression que l'on obtiendra un résultat meilleur? L'expérience démontre le contraire.

Pourquoi ne pas chercher alors une autre voie? Pourquoi ne pas prendre chez des peuples voisins les institutions qui pourraient nous être utiles?

Si le travail forcé avec mesures coërcitives, tel qu'il est en usage en Angleterre, n'est pas admis-

(1) En Angleterre, le prisonnier, qui a une bonne conduite peut obtenir sa mise en liberté provisoire : nouvelle preuve d'une sollicitude bien comprise pour ramener le condamné dans la bonne voie.

sible dans nos mœurs, il n'en est pas de même de la loi du pardon dont nous parlions plus haut.

Rien ne s'oppose à l'introduction ou plutôt au rétablissement de ce principe dans notre Code, mais à la condition d'appliquer les lois de récidive dans toute leur rigueur, et d'être sans pitié pour ceux qui ne profiteraient pas de la clémence de leurs juges.

Terminons par une réflexion qui peut avoir ici sa place. Notre génération est accusée d'indifférence en matière religieuse, et ce serait la véritable cause de la démoralisation actuelle.

C'est aller un peu loin ; mais, puisque la question de religion est soulevée, rien n'empêcherait les législateurs de donner l'exemple et d'accorder les lois avec ce principe sans lequel il n'y a ni religion, ni philosophie : le pardon.

Le cadre restreint de cette étude ne nous permet pas d'examiner quelles sont les modifications à introduire dans les articles du Code pénal pour rétablir la loi du pardon ; c'est une question pratique qui a besoin d'être discutée pour donner un résultat satisfaisant.

Notre seule pensée, en publiant cette page de la législation anglaise, était de montrer le danger réel qui menace la société et de prouver qu'il est possible d'arrêter le mal, à la condition, toutefois, de modifier notre Code et de profiter de l'expérience de nos voisins.

www.ingramcontent.com/pod-product-compliance
Lightning Source LLC
LaVergne TN
LVHW020455230826
846091LV00008BA/3219
* 9 7 8 2 0 1 9 2 3 4 2 3 2 *